올림포스 신들의 너튜브

재미만만 그리스 로마 신화 1
올림포스 신들의 너튜브

초판 1쇄 발행 2022년 1월 5일 | **초판 4쇄 발행** 2022년 6월 24일
글 이향안 | **그림** 김소희 | **감수** 김길수
발행인 이재진 | **편집장** 안경숙 | **편집 및 디자인** 구름돌, 김홍비 | **마케팅** 정지운, 김미정, 신희용, 박현아, 박소현 | **제작** 신홍섭
펴낸곳 (주)웅진씽크빅 | **주소** 경기도 파주시 회동길 20 (우)10881
문의전화 031)956-7403(편집), 02)3670-1191, 031)956-7065, 7069(마케팅) | **홈페이지** www.wjjunior.co.kr
블로그 wj_junior.blog.me | **페이스북** facebook.com/wjbook | **트위터** @wjbooks | **인스타그램** @woongjin_junior
출판신고 1980년 3월 29일 제406-2007-00046호 | **제조국** 대한민국

글 ⓒ 이향안, 2022 | 그림 ⓒ 김소희, 2022
저작권자와 맺은 특약에 따라 검인을 생략합니다.

웅진주니어는 (주)웅진씽크빅의 유아·아동·청소년 도서 브랜드입니다.
이 책은 저작권법에 따라 보호받는 저작물이므로 무단 전재와 무단 복제를 금지하며,
이 책 내용의 전부 또는 일부를 이용하려면 반드시 저작권자와 ㈜웅진씽크빅의 서면 동의를 받아야 합니다.

ISBN 978-89-01-25508-8 · 978-89-01-25506-4(세트)
* 잘못 만들어진 책은 바꾸어 드립니다.

⚠ 주의 1. 책 모서리가 날카로워 다칠 수 있으니 사람을 향해 던지거나 떨어뜨리지 마십시오.
2. 보관 시 직사광선이나 습기 찬 곳은 피해 주십시오.

일러두기
1. 이 책에 나오는 인명 및 지명 등은 국립국어원에서 펴낸 『표준국어대사전』을 기준으로 삼았습니다.
2. 그 외의 명칭은 외래어 표기법의 규정을 따랐습니다.

올림포스 신들의 너튜브

글 이향안 | 그림 김소희

웅진주니어

차 례

프롤로그   6

1. 세상의 중심 너튜브 ▷ 제우스   10
2. 바다 사랑 너튜브 ▷ 포세이돈   20
3. 농사의 달인 너튜브 ▷ 데메테르   26
4. 슬기로운 가정생활 너튜브 ▷ 헤라   34
5. 얼짱 너튜브 ▷ 아프로디테와 아폴론, 아르테미스   40
6. 소문 체크 너튜브 ▷ 헤르메스   54
7. 대장장이 너튜브 ▷ 헤파이스토스   64
8. 먹방 너튜브 ▷ 디오니소스   70
9. 패션 너튜브 ▷ 아테나   76
10. 사랑과 전쟁 너튜브 ▷ 아레스   84

계보에서 찾아라!   94

프롤로그

웰컴 투 올림포스!

하늘에 가장 가까운 산인 올림포스산!
그 정상에 있는 황금 건물이 바로 신들의 궁전인 올림포스 신전이다.
올림포스 신전에서 신들은 무엇을 할까?

1. 세상의 중심 너튜브 제우스

내가 최고의 신, 제우스다!

최고 제우스
구독자 39억 105만 명

👍 7.2억   👎 100   ♡ 구독

신들의 대통령을 만나 보세요.

무기 하나, 그 어떤 것도 파괴할 수 있는 천둥과 번개
　　　둘, 헤파이스토스가 만들어 준 방패, 아이기스
최근 소식 올림포스산에서 신들의 회의 주최

#신 중의 신　#신들의 대통령　#헤라　#천둥과 번개　#독수리　#리더

어서 와! '세상의 중심 너튜브'는 처음이지? 내 이름은 제우스야! 올림포스 신들의 대통령이자 최고 권력자이지. 흠흠! 신과 인간 세상이 질서 있게 잘 돌아가는지 살피고 감시하는 게 내 역할! 또 하늘을 다스리며 날씨 변화도 내가 다 주관해.

💬 **요정짱** 제우스 님은 금수저! 그러니 당연히 최고의 자리, 최고의 권력을 가질 수 있었던 거 아닌가요?

아니, 아니! 그렇게 생각하면 정말 섭섭해. 내가 이 자리에 어떻게 올랐는데. 무시무시한 전쟁을 세 차례나 치르고서 올랐거든. 증거 영상도 있어.

티탄 신들과의 1차 전쟁, 승리!
제우스
조회 수 50만 · 3년 전

기간테스들과의 2차 전쟁, 또 승리!
제우스
조회 수 78만 · 2년 전

괴물 티폰과의 치열한 3차 전쟁, 또 완전 승리!
제우스
조회 수 100만 · 1년 전

어때? 이 정도면 얼마나 힘들게 얻은 자리인지 알 만하지?

내가 하늘을 다스리게 된 과정도 공정했어. 내 힘으로 모든 걸 다 가질 수도 있었지만 형제들과 제비뽑기로 권력을 나눠 가졌거든. 온 세계가 질서 있고 조화롭게 흘러가는 건 다 내 배려와 이해심 때문이란 말씀!

하지만 내가 늘 자애롭기만 하다고 생각하면 큰 오산이야. 나는 신과 인간 세상을 다스리는 감시자! 누구라도 질서와 조화를 깨뜨리는 건 용서 못 해. 그런 자는 벼락으로 엄하게 다스리지.

내가 벼락으로 다스린 자가 누구냐고? 아주 많지만 특별히 파에톤과 아스클레피오스가 생각나는군.

파에톤은 태양 마차를 모는 헬리오스와 님프의 아들로, 엄마와 살고 있었어. 하루는 파에톤이 헬리오스를 찾아 태양의 궁전으로 온 거야. 반가운 마음에 헬리오스는 이런 약속을 해 버렸지.

"내 아들, 파에톤아! 받고 싶은 선물이 있으면 말하여라. 무엇이든 들어주마."

신이 한 약속은 무조건 지켜야 해. 그런데 파에톤의 입에서 생각지도 못한 말이 나온 거야.

"태양 마차를 몰 수 있게 해 주세요."

"아들아, 그건 안 된다. 나 말고는 어느 누구도 불타는 태양 마차를 몰 수 없단다."

하지만 파에톤은 고집불통에 막무가내였어. 헬리오스의 만류에도 불구하고 결국 파에톤은 태양 마차에 올랐지. 그러니 그 뒷이야기는 불 보듯 뻔하지 뭐야.

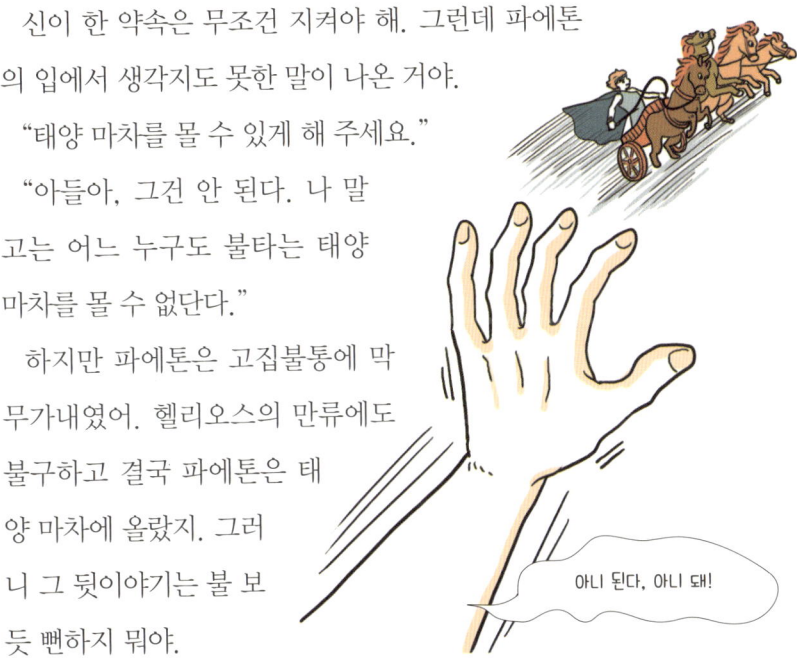

아니 된다, 아니 돼!

파에톤을 태운 태양 마차는
우주 공간으로 쏜살같이 달렸고,

파에톤의 미숙한 운행에 태양 마차는
흔들리기 시작했어. 결국 본래의
하늘 길을 벗어나고 말았어.

파에톤이 태양 마차를
되돌리려 해도 헛수고!

불덩이 마차가 하늘 길을 벗어나
세상으로 내달리니 나무는 불타고,
집들은 잿더미가 되었어.

세상은 엉망진창! 신들도 허둥지둥 불을 피하느라 난리가 났어. 인간 세상은 물론이고 신들의 세상까지 위협받으며 세상의 질서가 무너졌던 거야.

결국 나 제우스가 나설 수밖에 없는 상황!
나는 태양 마차를 향해 번쩍이는 번개를 던졌어!
파에톤은 태양 마차에서 떨어져 죽고 말았지.

아폴론의 아들 아스클레피오스는 의술 솜씨가 아주 뛰어났어. 아픈 자를 척척 고쳐 내고, 간당간당 숨이 넘어가는 위급 환자도 살려 낼 정도라서 우리 신들까지도 그의 능력에 감탄했지.

그런데 본래 능력이나 솜씨란 게 갈고닦을수록 더 커지는 법이잖아. 아스클레피오스도 의술을 갈고닦더니, 솜씨가 너무 좋아져서 죽은 자들까지 살리지 뭐야.

헐! 그건 안 되지! 죽은 자를 살리는 의술은 삶과 죽음의 질서를 어지럽히는 엄청난 행위인 거야. 아무리 뛰어난 능력자라도 질서를 어지럽히는 건 용납 못 해.

나는 아스클레피오스에게 번개를 번쩍! 쾅!

결국 아스클레피오스는 죽고 말았지.

 이런 일은 수도 없이 많아. 질서를 무너뜨리는 건 절대 용납 못 하거든. 세상이 자연의 순리대로 질서 있게 돌아가는 건 다 내 덕분이라고!

 내 고마움을 안다면 '세상의 중심 너튜브' 구독 약속! '좋아요'도 많이 눌러 줘. 안 누르면 번개 번쩍! 알지?

  💬 **요정짱** 헉! 누, 눌렀어요!
  💬 **궁금달** 그럼요! 그럼요! 내 친구들도 다 누르라고 한걸요.

2. 바다 사랑 너튜브 포세이돈

**파도 같은 거친 매력
바다의 신, 포세이돈**

15:28 / 15:28

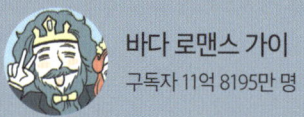

바다 로맨스 가이
구독자 11억 8195만 명

👍 3.4억　👎 121　♡ 구독

멋진 바다의 신을 만나 보세요.

사는 곳 조개와 산호로 만든 바닷속 궁전
취미 바다에 폭풍우 일으키기, 사나운 파도 잠재우기
무기 파도를 일으키는 삼지창

#파도　#백마　#삼지창　#제우스의 형제

나는 바다의 신 포세이돈! 내가 삼지창을 한번 휘두르기만 하면 시퍼런 바다가 출렁이고, 괴물 같은 폭풍우도 일어나. 집채만 한 배라도 내가 일으킨 파도 앞에선 고양이 앞의 생쥐 꼴!

하지만 내가 바다 궁전에서 나와 백마들이 끄는 황금 전차나 해마가 끄는 수레를 타고 바다 위를 달리면, 요동치던 바다도 언제 그랬냐는 듯 잠잠해지지.

대단하지? 그러니 힘과 능력으로는 내가 최고야. 나보다 힘센 자가 있으면 어디 나와 봐.

💬**하데스** 포세이돈아, 나 왔다!
💬**제우스** 동생아, 나도 왔다!

에구! 제우스 형님은 제외! 어찌 감히 형님의 힘을 따르겠나이까. 흐흐흐! 농담이에요, 농담!

그런데 제우스 형님이 최고의 신인 건 인정하지만 형님도 인정해야 할 게 있어. 이렇게 세상이 잘 다스려지는 데는 나랑 하데스 형님의 덕도 크다는 거 말이야.

우리 삼 형제가 제비뽑기를 해서 제우스 형님은 하늘을, 나는 바다를, 하데스 형님은 지하 세계를 다스리기로 했잖아.

만약 우리가 제우스 형님의 힘을 넘보고 덤볐으면 어떻게 됐겠어? 아마 세상이 엉망진창이 됐을걸?

💬 **제우스** 그래. 너희가 화합해 준 건 인정! 고맙게 생각해. 그런데 너희도 나한테 고마워해야 한다. 내가 너희를 아버지 크로노스에게서 구해 주었잖아.
💬 **하데스** 맞아, 그랬지. 갓 태어난 우리를 크로노스가 다 삼켜 버렸으니. 배 속에 있던 우리를 구해 준 건 제우스 형님이었고.
💬 **제우스** 그래, 알긴 아는구나. 더구나 내가 세상을 독차지하지 않고, 너희들과 나누어 다스리잖아. 얼마나 현명한 리더냐?
💬 **하데스** 그것도 맞아, 맞아!

제우스 형님은 세상을 독차지하려던 아버지 크로노스와 할아버지 우라노스를 보고 깨달은 바가 컸겠죠. 아, 혼자서는 안 되겠구나 하는. 그래도 형님이 현명한 리더인 건 인정!

💬 **제우스** 흐, 엎드려 절받기군. 그런데 포세이돈아, 그 거친 성격은 이제 좀 잠재우렴.
💬 **하데스** 맞아, 너는 욱하는 성질 좀 죽여.

내가 좀 욱하긴 하지. 그것도 인정! 그래도 알고 보면 엄청 낭만적이고 순수한 남자거든. 사랑 앞에서는 말이야.

내 아내는 바다의 신 네레우스의 딸 암피트리테인데, 그녀 앞에서는 완전 사랑꾼이잖아. 그녀를 처음 봤을 때가 생각나네.

그때는 날아갈 것 같았지. 돌고래들이 무척이나 고마웠단다. 그러니 나를 너무 거칠고 포악한 신으로 기억하진 말아 줘. 참! '좋아요' 누르는 거 잊지 마! 안 그러면 내 삼지창이 가만있지 않을걸!

💬 **하데스** 누, 눌렀어! 좋아요!

💬 **암피트리테** 어머! 당신, 너무 낯설어. 대체 진짜 모습이 뭐야?

  ↳ **포세이돈** 나는 당신의 영원한 귀염둥이!

3. 농사의 달인 너튜브 데메테르

농사를 짓고 싶다면
나 데메테르에게 물어봐!

15:30 / 15:30

농사 달인
구독자 9억 3377만 명

👍 2.9억   👎 31   ♡ 구독

세상 모든 농사법을 소개합니다.

최근 소식 밀 이삭과 꽃으로 멋진 화관 만들기
취미 인간에게 농사법 알려 주기

#곡식 #씨앗 #절절한 모성 #페르세포네 #계절 #하데스의 장모

안녕! 나는 대지의 여신이자 곡물을 주관하는 여신 데메테르야. 한마디로 농사에 관한 한 내가 최고의 달인이란 의미지. 그러니까 농사에 대해 알고 싶다면 모두 여기로 오면 돼.

오늘은 무엇에 대해 알고 싶어? 농사에 대해 궁금한 건 무엇이든 물어봐.

> 💬 **하늘땅콩** 전부터 궁금한 게 있었어요. 인간은 어떻게 농사법을 알게 됐나요?
>
> 💬 **궁금달** 곡식은 그냥 땅에서 저절로 나는 거 아닌가?
>
> 💬 **별별** 씨앗 하나가 떨어졌는데, 거기서 싹이 나오는 걸 보고 농사법을 깨닫지 않았을까?
>
> 💬 **달달요정** 데메테르 님은 곡물을 주관하는 여신! 혹시 데메테르 님이 농사법을 알려 주신 건가요?

딩동댕! 정답이야. 나는 곡물을 주관하는 신이라 곡식의 성장과 땅의 생산력은 모두 내 손에 달렸거든. 농사법도 내가 알려 주지 않으면 절대 모를, 신의 영역이지.

그럼 오늘은 내가 인간들에게 어떻게 농사법을 알려 주게 되었는지 이야기를 들려줄게.

　내가 인간에게 그 기술을 알려 주게 된 건 순전히 딸 페르세포네 때문이었어. 하루는 친구들과 놀던 딸이 감쪽같이 사라졌지 뭐야. 여기저기 수소문해 봤지만 페르세포네를 봤다는 이는 없었어. 나는 딸을 찾기 위해 온 세상을 헤매고 다녔어.

　어쩌다 보니 인간 세상의 엘레우시스라는 나라에까지 오게 되었지. 그런데 딸을 찾아 헤매는 상태였으니 내 꼴이 어땠겠어. 게다가 초라한 노파로 변장하고 있었거든. 마침 나를 본 그 나라 왕비는 안쓰러운 마음이 들었던지 이런 제안을 하지 뭐야.

"궁으로 가서 내 아이들을 돌보아 다오."

물론 내 대답은 '좋아요'였어!

여신이 왜 유모 노릇을 하나 싶겠지만, 나는 그 일이 좋더라고. 예쁜 아이들을 보니 슬픔도 잠시나마 잊을 수 있었거든. 나는 정성을 다해 아이들을 돌보았지.

왕비의 아이들은 참 예뻤는데 그중에서도 데모폰이란 남자 아기가 유난히 마음에 들었어. 그렇잖아도 왕비에게 고마운 마음을 전하고 싶었던 나는 결심을 했지.

'데모폰을 영원히 죽지 않는 불사의 몸으로 만들어 주어야겠군!'

그날부터 나는 불사의 마법에 돌입했어. 불사의 마법이 궁금하다고? 좋아, 비밀 마법이지만 특별히 공개할게!

이 과정을 반복! 또 반복! 그럼 불사의 몸이 될 뿐만 아니라 엄청 빠른 속도로 자라.

그런데 왕비는 너무 빨리 자라는 아기가 수상했나 봐.
'이상한걸. 저 방에서 무슨 일이 벌어지고 있는 걸까?'
의심이 가득한 눈으로 내 방을 훔쳐보던 왕비는 화들짝 놀라고 말았어.
"으악! 아기를 죽이려고 하잖아!"
데모폰을 불에 올려놓은 걸 보고 오해를 한 거지. 결국 내 계획은 물거품이 돼 버렸고, 나는 모습을 드러낼 수밖에 없었어.
"아, 어리석구나. 네 아들이 불사의 몸이 될 수 있는 행운을 놓쳤도다."

 속상하고 아쉬운 마음에 나는 왕비의 또 다른 아들인 트립톨레모스에게 특별한 선물을 주기로 했지. 곡식의 씨앗도 주고 농사법도 알려 준 거야. 트립톨레모스는 그것들을 인간들에게 널리 퍼뜨렸고.

 그러니 인간들이 배불리 먹고 사는 건 다 내 덕이란 말씀! 트립톨레모스야, 이 사실도 인간 세상에 널리 알려 다오!

💬 **트립톨레모스** 네! 명령 받들어 모시겠습니다.

💬 **별별** 너무너무 고마운 여신이시네요. '좋아요', 꾹!

💬 **달달요정** 그런데 따님은 찾았나요?

  ↳ **데메테르** 응, 찾았어. 저승의 신 하데스가 데려간 거였어. 아, 자세한 얘기는 『헤르메스와 떠나는 저승 여행』에 나오니까 그 책을 참고하기를.

4. 슬기로운 가정생활 너튜브 헤라

신들의 여왕 헤라가
가정을 지킨다!

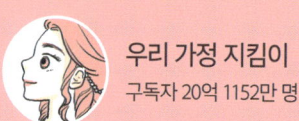

우리 가정 지킴이
구독자 20억 1152만 명

👍 3.3억   👎 76   ♡ 구독

헤라와 함께 가정의 소중함을 느껴 보세요.

인생 최대 사건 제우스와의 결혼
최근 소식 요정의 출산을 도움.
싫어하는 동물 뻐꾸기

#결혼 #제우스의 아내 #여왕 #공작

안녕! 나는 결혼과 가정을 수호하는 여신 헤라야. 여기는 행복한 가정의 길라잡이 '슬기로운 가정생활 너튜브'란다.

💬 **별별** 우아! 제우스 님의 부인이다!
💬 **달달요정** 정말요? 제우스 님이랑 어떻게 결혼하게 되셨어요?
💬 **궁금달** 소문에는 제우스 님이 바람둥이라던데. 혹시 모르고 결혼하셨어요?

휴, 그때를 생각하면 정말 화가 나. 예전부터 제우스는 나를 엄청 좋아했어. 내 뒤를 졸졸 따라다니며 '사랑해!', '사랑해!' 노래를 불렀지. 뭐 이 정도의 미모와 기품이니 좋아하지 않는 게 더 이상하긴 하지만 말이야.

그런데 나는 제우스의 마음을 받아 줄 수 없었어. 제우스는 올림포스에서도 소문난 바람둥이거든. 그러니 그 마음이 언제 변할지 어떻게 알아? 나는 콧방귀만 뀌었어.

헤라, 내 사랑을 받아 주오!
하늘만큼 땅만큼 사랑해!

흥! 어림없어!

그러자 제우스가 꾀를 낸 거야. 천둥을 쳐서 비를 내리게 한 뒤, 뻐꾸기로 변신해서 내 품으로 포로롱 날아들었지.

"어머나! 가엾어라. 비에 흠뻑 젖었구나. 따뜻하게 안아 줄게."

그런데 그 순간 나는 화들짝 놀라고 말았어. 내 품에 안긴 건 뻐꾸기가 아니라 제우스였거든.

"헤라, 사랑하오. 나와 결혼해 주시오."

제우스의 끈질긴 구애에 내 마음도 흔들리지 뭐야. 하지만 바람둥이 제우스를 어떻게 믿겠어? 그래서 제우스에게 단단히 약속을 받아 냈지.

"나는 결혼과 가정을 수호하는 여신이에요. 그러니 나와 결혼하면 가정에 충실하기로 약속해요."

제우스가 뭐랬는지 알아? 그 장면을 찍어 둔 영상이 있어.

💬 **요정짱** 아, 그렇게 결혼하게 되신 거구나. 제우스 님은 결혼한 뒤에 바람기가 싹 사라졌나요?

그럼 내가 화가 난다고 했겠어? 결혼 후에도 제우스의 바람기는 여전하지 뭐야. 제우스를 따라다니는 수많은 스캔들과 염문설만 봐도 알 만하지.

아, 그 생각을 하니까 다시 마음이 답답해지네! 이 자리를 빌려 남편에게 한마디만 할게. 여보! 나랑 했던 약속 기억하는 거지? 제발 더 이상 딴 데 눈 돌리지 말고 가정에 충실해 줘요.

💬 **터프가이** 그런데 헤라 님은 질투가 무척 심하다던데요.
💬 **단아추구녀** 맞아요. 제우스 님이 바람피운 여자들을 끝까지 쫓아다니며 괴롭혔잖아요. 그 아이들도 끈질기게 괴롭혔고요.
💬 **궁금달** 헉! 여자의 적은 정말 여자인가요? 헤라 님, 아니라고 말씀해 주세요.

내가 질투에 눈이 멀어 제우스가 바람피운 여자들을 괴롭혔다고? 오해야, 오해. 사실 거기엔 다 그만한 이유가 있지.

내가 누구야? 결혼과 가정을 수호하는 신이잖아. 다른 건 다 참아도 평화로운 가정을 위협하는 행동은 절대 못 참아. 가정이 있는 남자와 바람피웠으면 그 여자는 당연히 벌을 받아야지. 물론 제우스도 그만한 벌을 받아야 하고.

그래서 나는 포세이돈과 아테나, 아폴론의 도움을 받아 제우스를 혼낸 적이 있어. 잠자는 제우스를 가죽끈으로 꽁꽁 묶어 버렸지.

결국 제우스는 거인 브리아레오스의 도움으

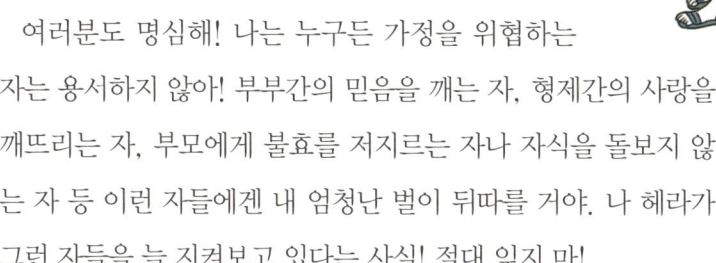

로 위기를 모면했지만, 그때 제우스는 분명 깨달았을 거야. 가정을 위협하는 행동을 하면 큰 벌을 받게 된다는 걸 말이야.

여러분도 명심해! 나는 누구든 가정을 위협하는 자는 용서하지 않아! 부부간의 믿음을 깨는 자, 형제간의 사랑을 깨뜨리는 자, 부모에게 불효를 저지르는 자나 자식을 돌보지 않는 자 등 이런 자들에겐 내 엄청난 벌이 뒤따를 거야. 나 헤라가 그런 자들을 늘 지켜보고 있다는 사실! 절대 잊지 마!

💬 **제우스** 당신만 바라보며 살기로 약속!
💬 **요정짱** 네, 헤라 님. 오늘부터 가정에 충성!

5. 얼짱 너튜브 아프로디테와 아폴론, 아르테미스

아프로디테
아르테미스
아폴론

23:21 / 23:21

 얼짱 TV
구독자 17억 133만 명

👍 6.5억　👎 121　♡ 구독

아름다움 하면 미의 여신, 나 아프로디테야!
#아름다움　#미의 여신　#마법 허리띠　#헤파이스토스　#사과

태양의 신, 나 아폴론도 외모에 빠질 수 없지!
#태양의 신　#음악의 신　#꽃미남　#화살　#쌍둥이

활 솜씨 하면 사냥의 여신, 아르테미스야!
#달의 여신　#사냥의 여신　#쌍둥이　#순결　#화살

안녕! 나는 올림포스 최고의 얼짱 여신 아프로디테야.
미의 여신으로 사랑을 주관하고 있지.
내 최고의 무기는 바로 이 허리띠!

뭐? 무기라면 제우스 님의 벼락이나 포세이돈의 삼지창 정도는 돼야 한다고? 모르시는 말씀! 이 허리띠의 위력은 그 어떤 무기보다 강력해.

신이든 인간이든 이 허리띠 앞에서는 정신이 몽롱해지고, 저절로 긴장이 풀리며 사랑에 빠지고 말거든. 힘이 세면 뭐 해? 내 마법 허리띠 앞에서는 그저 사랑에 빠진 순한 양이 되고 마는걸.

그러니 올림포스 최고 능력자는 바로 나, 아프로디테가 아니겠어?

그래도 내 최고의 능력은 타고난 미모! 내 미모의 위력은 '에리스의 황금 사과' 사건으로도 유명해. 그 사건은 인간의 영웅 펠레우스와 바다의 요정 테티스의 결혼식 날에 벌어졌어. 결혼식에 모든 신들이 초대되었는데, 불화의 여신 에리스는 초대받지 못했어. 에리스는 화가 나서 피로연장에 황금 사과를 던진 거야. '가장 아름다운 여신에게'라는 글귀와 함께 말이야.

가장 아름다운 여신이 누구야? 당연히 그 사과의 주인은 나라고 생각했지. 그런데 헤라와 아테나도 나서지 뭐야. 그야말로 올림포스 역사상 최초의 미인 대회가 열린 거지.

💬 **별별** 오호! 그럼 사과의 주인은 누가 결정하나요?

💬 **아폴론** 그 결정은 당연히 제우스 님의 몫! 그런데 제우스 님이 파리스라는 인간에게 떠넘겨 버렸어. 제우스 님, 왜 그러셨어요?

💬 **제우스** 휴! 그날을 생각하면 지금도 소름이 쫙! 사과 주인이 되지 못한 두 여신의 원망을 어찌 감당해? 그러니 아무것도 모르는 파리스에게 넘길 수밖에.

그래서 우리 셋은 파리스 앞에서 사과 주인을 정하게 됐어.

💬 **달달요정** 역시 아프로디테 님, 얼짱 너튜브의 주인장답네요.

💬 **아폴론짱** 얼짱 너튜브에 다른 신들도 계세요. 그중에 가장 최고는 우리 아폴론 님이시고요. 아폴론 님, 나와 주세요. 멋진 얼굴 좀 보여 주세요.

하하! 그럼 이제 나 아폴론 얘기 좀 해 볼게. 나도 엄청난 미남이거든. 큰 키에 또렷한 이목구비, 게다가 부드럽게 구불대는 이 고수머리까지!

게다가 내가 또 음악의 신이잖아. 올림포스 축제의 절정이 뭐야? 바로 나 아폴론의 리라 연주!

그러다 보니 내 연주 실력에 도전하는 자들도 생기더라고. 어느 날 아테나가 피리를 발명했어. 그런데 두 볼을 개구리처럼 부풀리며 피리를 부는 모습에 헤라와 아프로디테가 낄낄 웃었나 봐. 기분이 상한 아테나는 피리를 던져 버리면서 소리쳤지.

그런데 마침 지나가던 마르시아스가 피리를 주운 거야. 마르시아스는 반은 동물, 반은 사람인데, 열심히 연습해서 피리를 잘 불게 되었지. 그러자 우쭐한 마음에 나에게 연주 대결을 신청해 오지 뭐야. 겁도 없이! 그렇게 시작된 연주 대결! 물론 대결의 승자는 나 아폴론이었지. 하하!

💬 **이름없는자** 그게 정당한 승부였을까요? 듣기로는 약간의 꼼수를 부리셨다고 하던데요. 바로 이렇게.

💬 **이름없는자** 이렇게 이긴 건데도 아폴론 님은 패배한 마르시아스를 나무에 거꾸로 매달고서 가죽을 벗겨 버렸죠. 마르시아스가 더 잘했다고 말한 미디스에게는 '음악을 똑똑히 들으라!'고 소리치며 마르시아스처럼 당나귀 귀가 생기게도 했고요.

진정해, 진정. 원래 큰 승부 뒤에는 잡음이 따르는 법이니까.
 내가 그런 모진 벌을 내린 것은 신에게 도전한 오만함 때문이야. 그것도 음악의 신인 나에게 연주 대결을 신청하다니. 그 오만함에는 반드시 무서운 벌이 따른다는 걸 보여 줘야 해. 그러지 않으면 오만해진 인간들이 신을 따르려고 하겠어? 신을 따르지 않으면 세상은 혼란해질 게 분명하잖아.
 그리고 무엇보다 중요한 것은 내가 그 대결에 승자가 됐다는 것! 그럼 된 거잖아, 그치?

💬 **삐딱드래곤** 어휴, 무서워서, 원. 실력이 어떻든 신에게 도전한다는 것 자체가 죄라는 거네. 쩝, 그게 죄인가?
💬 **이름없는자** 그러니까요. 신에게 도전한 오만함과 건방짐이 죄라면 죄겠지요.
💬 **달달요정** 조, 조심! 다들 말조심해요!

이번에는 외모나 음악 실력 못지않은 내 활 솜씨에 대해서도 얘기해 줄게. 영웅 헤라클레스 알지? 그 헤라클레스에게 활쏘기를 가르친 에우리토스란 자는 인간 중에서 가장 활 솜씨가 뛰어났어.

그런데 이자가 겁 없이 내게 활쏘기를 겨루자며 덤비지 뭐야. 결과야 뻔하지 뭐. 어찌 인간이 신을 이길 수가 있겠어? 경기에서 진 에우리토스도 결국 내게 맞아 죽고 말았지.

참! 내 쌍둥이 누나인 아르테미스도 소개할게. 나만큼은 못해도 미모로 얼짱 소리를 듣거든.

안녕! 나는 아폴론의 쌍둥이 누나 아르테미스야. 아무리 쌍둥이라지만 아폴론과는 많이 달라. 외모나 이성, 결혼, 뭐 이런 것에는 관심도 없거든.

나는 사냥과 달의 여신이야. 그래서 달빛이 환히 비치는 숲에서 활을 들고 님프들과 사냥하는 것에만 관심이 있어.

사실 모두가 외모나 이성에만 관심을 가지면 세상이 어떻게 되겠어? 나처럼 무관심한 신도 있어야 세상이 조화롭게 흘러가는 법이지.

나는 순결의 여신이기도 해. 그래서 흉하고 더러운 짓을 하는 자는 절대 용서 못 해. 예전에 이런 일이 있었지.

보이오티아 지방에 악타이온이란 이름난 사냥꾼이 있었어. 그런데 이자가 숲에서 내가 목욕하는 것을 보게 된 거야.

생각해 봐. 그런 경우 어떻게 하는 게 옳은 행동일까? 당연히 눈을 가리고 지나쳐 갔어야지. 그런데 악타이온은 눈을 가리기는커녕, 숨어서 내 모습을 훔쳐본 거야. 그것은 절대 하면 안 되는, 용서 못 할 범죄잖아.

나는 화가 나서 악타이온을 사슴으로 만들어 버렸어. 그리고 50마리나 되는 사냥개들에게 물려 죽는 벌을 내렸지.

나쁜 짓을 하는 자들에게 나는 피도 눈물도 없다고!

💬 **아폴론** 내 쌍둥이 누나 아르테미스는 두 얼굴의 여신! 평소 모습은 달처럼 평온하지만, 화가 나면 잔인한 사냥꾼이 돼.

💬 **아프로디테** 쌍둥이가 맞네. 은근히 둘 다 무서워. 하지만 악타이온 같은 놈은 나도 싫어! 그런데 왜 아무도 댓글을 안 달지? 모두 겁먹고 도망갔나?

💬 **별별** 여기 얼짱 너튜브 맞나요? 으으으, 저, 저도 이만!

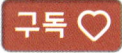

6. 소문 체크 너튜브 헤르메스

헤르메스,
세상 모든 일을
다 알아!

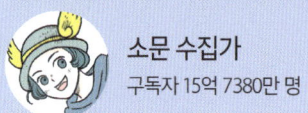

소문 수집가
구독자 15억 7380만 명

👍 3.2억   👎 3.3천   ♡ 구독

새로운 소문, 재미있는 소문은 다 소개합니다.

애착 물건 날개 달린 신발, 황금 지팡이, 날개 달린 모자
최근 소식 저승에 가서 하데스에게 제우스의 명령을 전달하고 옴.

#심부름꾼 #장사의 신 #여행의 신 #날개 달린 신발 #황금 지팡이

나는 소문 체크 너튜버 헤르메스! 올림포스는 물론 세상에 떠도는 모든 소문의 진실을 파헤치지. 나로 말할 것 같으면 제우스 님의 명령을 전하는 전령의 신! 전령의 상징인 황금 지팡이에 날개 달린 신발을 신고서 제우스 님의 명령을 전해.

더구나 나는 여행의 신. 신의 세계, 인간의 세계, 지하 세계까지 자유자재로 넘나들지. 그러니 세상의 크고 작은 소문까지 훤히 알 수밖에.

오늘은 무슨 사건이 알고 싶어? 말만 해. 나 헤르메스가 홀라당 다 파헤쳐 줄게.

> 💬 **탐정요정** 헤르메스 님! 정말 알고 싶은 사건이 있어요. 헤르메스 님과 아폴론 님의 거짓말 사건! 진실이 뭐예요?
>
> 💬 **별별** 오호! 전설의 그 사건? 정말 누가 거짓말을 한 거예요? 헤르메스 님이에요, 아폴론 님이에요?
>
> 💬 **쿨요정** 아, 아폴론 님이 소도둑을 잡느라 재판까지 벌였다는 그 사건? 용의자는 헤르메스 님이었고.

헉! 설마 그 사건을 물어볼 줄이야. 아시다시피 이 사건은 내가 태어난 날 벌어졌어.

난데없이 나타난 아폴론이 그날 태어난 내가 소도둑이라며 나를 신들의 재판정에 세웠어.

이 사건의 쟁점은 과연 태어난 지 채 하루도 안 된 아기가 황소 12마리와 암송아지 100마리를 훔칠 수 있느냐는 거였지. 그런데 재판 결과는 '완전 가능하다'였지 뭐야.

"신들은 성장 속도가 엄청나게 빠르기 때문에 도둑질도 충분히 가능하다!"

사실 나는 신들 중에서도 성장 속도가 유독 빨라서 태어나자마자 쑥쑥 자랐으니까 그건 인정할 수밖에 없었어.

그렇다면 다음 쟁점은 증거와 증인이 있느냐는 거였어. 그런데 증인까지 척 나섰지 뭐야.

에구구! 이 지경이니 디는 시치미를 뗄 수가 없더라고. 그래, 그래! 내가 도둑이야. 거짓말을 한 건 나였다고! 헤헤!

왜 그랬냐고? 왜긴! 심심해서 그랬지. 나는 동굴에서 태어났는데, 엄마가 금세 동굴 밖으로 나가 버려서 너무 심심했거든. 그래서 나도 동굴을 나왔어. 그런데 동굴 앞에서 거북 발견! 거북 등딱지와 소 힘줄로 악기를 만들었지. 그게 바로 리라야.

리라 놀이도 재미가 없어진 나는 소들이 있는 목장으로 갔지. 그리고 소들을 쓱싹 훔치기로 마음먹었어. 주인은 소를 찾고 나는 숨기고. 얼마나 재밌겠어! 그런데 소를 그냥 데려오면 발자국이 남아서 시시하게 들킬 거 같더라고. 그래서 소들의 꼬리를 당겨서 뒤로 걷게 하고, 내 발을 풀로 감싸서 발자국이 남지 않게 했지. 헤헤!

산속에 소 떼를 숨기고서 그중 두 마리를 잡아 버렸어. 잡은 소는 조각을 내서 꼬챙이에 꿰어, 높이 매달아 두었지. 왜 그랬냐고? 심심해서!

그러고는 다시 동굴로 돌아와서 아기답게 옹알옹알!

그런데 공교롭게도 소 주인이 아폴론이지 뭐야. 게다가 아폴론이 나를 그렇게 쉽게 찾아낼 줄은 꿈에도 몰랐어. 완전 범죄라고 자신했거든.

이 악기를
리라라고 불러야지.
소 훔치기 놀이
해 볼까?
히힛, 이러면
발자국이 남지
않겠지?
대롱
대롱
나는 아무것도 몰라요,
옹알옹알!

여하튼 그렇게 내 첫 거짓말은 들통이 나고 말았지. 그럴 때는 애교가 상책이야. 나는 바로 꼬리를 내리며 애교를 떨었어.

"저는 아폴론 형님을 존경해요. 제우스 님과 모든 신도 존경하고요. 헤헤!"

애교 작전은 대성공이었어! 형님, 형님 했더니 아폴론 기분도 조금씩 풀리는 것 같더라고. 뭐, 형님이란 말이 틀린 건 아니야. 나도, 아폴론도 제우스 님의 자식이니까. 제우스 님도 내 애교에 넘어가 웃음을 터트리며 말했어.

"너희는 형제간이니 둘이 알아서 화해를 하여라. 아폴론은 화를 풀고, 헤르메스는 훔친 소를 돌려주어라."

💬 **별별** 헐! 정말 헤르메스 님이 도둑이었다니! 그럼 아폴론 님으로부터 큰 벌을 받았겠네요?

아니! 아니! 나는 올림포스의 꾀쟁이 헤르메스잖아. 그 순간 직감했어.

'아폴론에게 덤벼 봤자 절대 이길 수 없어. 싸우기보다는 타협하는 게 현명해.'

나는 아폴론이 음악의 신이란 점을 이용했지. 내가 만든 리라를 켜며 딩가딩가 노래를 불렀어. 그러자 예상대로 아폴론의 화는 눈처럼 사르르 녹더군. 그때를 놓치지 않고 이렇게 말했지.

"이 리라는 형님에게 줄게요. 이건 나보다 형님에게 더 어울려요. 그 대신 나에게 형님의 역할을 조금만 나눠 줄래요? 형님은 아주 많은 힘과 명예를 가진 분이잖아요. 양과 소를 돌보는 목동들의 수호신 정도는 내게 양보해도 되잖아요, 응?"

물론 아폴론은 고개를 끄덕끄덕!

"다시는 날 속이지 않겠다고 맹세해."

캬! 봤지? 리라 하나로 많은 능력을 얻게 된 꾀돌이가 나야!

💬 **쿨요정** 아하! 태어나서 도둑질부터 했다는 거군요. 그런데 도둑질은 나쁜 건데······.

꼭 나쁜 것만은 아니거든! 올림포스 신들이 괴물 티폰과 전쟁을 할 때 내가 얼마나 큰 힘을 발휘했는지 알아? 티폰이 제우스 님의 힘줄을 빼앗아 힘을 못 쓰게 했잖아. 그때 티폰이 숨겨 놓은 힘줄을 훔쳐서 제우스 님에게 돌려준 게 누구야? 바로 나거든. 내가 없었으면 어쩔 뻔했냐고!

밝음이 있으면 어둠도 있는 법이야. 낮과 밤이 공존하는 것처럼 말이야. 그러니까 아테나처럼 정의를 지키는 신이 있으면 나같이 까불거리는 신도 있어야 해. 그래야 세상이 조화를 이루지. 안 그래?

💬 **쿨요정** 아, 듣고 보니 그런 것도 같아요.

💬 **아폴론** 귀를 막아! 귀를! 헤르메스 말을 듣다가는 나처럼 홀랑 넘어가 버린다니까.

💬 **제우스** 그게 헤르메스 매력이지. 귀여운 꾀쟁이!

💬 **아르테미스** 아빠는 헤르메스 편만 든다니까. 하긴 티폰과의 싸움에서 힘줄을 찾아 줬으니 이해는 되지만.

7. 대장장이 너튜브 헤파이스토스

모든 물건은 헤파이스토스 손에서!

18:08 / 18:08

뚱땅뚱땅 대장간
구독자 15억 83만 명

👍 3.7억   👎 77   ♡ 구독

땀이 솟는 대장간에 구경 오세요.

별명 뚝딱 신

최근 소식 일주일 전 작품 전시회 엶.

#대장장이 #화산 #아티스트 #아프로디테 #아동 학대 피해자

오늘은 나, 헤파이스토스의 너튜브 작품 전시회가 열리는 날! 올림포스 최고의 대장장이가 만든 최고의 작품을 보시라! 놀라지 마. 이것들은 대표 작품일 뿐이고 이 외에도 수없이 많은 물건들을 만들었어.

튼튼한 갑옷   튼튼한 활과 방패   날카로운 칼   일을 돕는 로봇

내가 언제부터 남다른 손재주를 갖게 됐냐고? 아주 어릴 때부터야.

나를 낳아 준 엄마는 헤라인데, 태어나자마자 나를 바다에 버렸어. 그래서 바다의 신 네레우스의 동굴에서 자랐지. 그 동굴에서 나는 반지나 팔찌 같은 장신구를 만들며 시간을 보내야 했어. 그때부터 내 재능이 키워졌던 거지.

그런데 엄마 헤라가 나를 버린 이유가 뭔지 알아? 어이없게도 못생겨서야. 못생겼다고 자식을 버리다니! 그러면 안 되는 거잖아. 그래서 나는 헤라를 혼내 줄 작전을 세웠지.

옳거니! 내가 원한 게 바로 이거였어. 나도 자식으로 인정받고 당당히 올림포스 신이 되고 싶었거든. 물론 황금 의자에서 벗어나고 싶었던 엄마 헤라는 제우스 님을 설득해 나를 올림포스로 불러들일 수밖에 없었지. 그때부터 나는 대장간의 신이 되어 엄청난 발명품들을 만들었어.

내 작업장은 에트나 화산이야. 예전에 제우스 님이 괴물 티폰과의 전쟁 후에 티폰을 가둔 산이기도 하지.

이 에트나 화산 아래에 내 대장간이 있는데, 작업을 하기에는 안성맞춤이지. 창 하나를 만들 때도 불에 쇠를 녹여야 하는데, 화산이 있으니 쇠를 금방 녹일 수 있거든.

사실 올림포스는 내가 없으면 제대로 안 돌아가. 신전의 방이나 장식품, 장신구조차 내가 만들거든. 무기도 내 손에서 탄생!

그러니 올림포스 신들은 내 능력을 인정하며 존경할 수밖에. 못생겼다고 무시하면 이쑤시개 하나도 어림없지!

💬 **아프로디테** 여보! 아직도 내 의자 안 만들었어?

↳ **헤파이스토스** 미안. 내가 좀 바빴어. 지금 당장 가서 만들게.

💬 **궁금달** 아니, 잠깐! 아프로디테 님이 부인이세요? 미의 여신, 아프로디테 님요?

맞아. 아프로디테가 내 아내야. 황금 의자에서 풀어 줄 때 헤라와 제우스 님이 약속했거든.

"올림포스에서 최고로 아름다운 여신, 아프로디테를 아내로 맞게 해 주마."

올림포스의 남신들은 모두 이런 마음을 갖고 있었을 거야.

'내가 아프로디테와 결혼해야지.'

하지만 아프로디테와 결혼한 신은 바로 나였던 거지. 껄껄껄! 우리가 부부가 되자 모두들 우리를 '미녀와 야수' 커플이라고 부르더라고.

그런데 말이야, 이거야말로 올림포스 최고의 조합이지 않아? 가장 못생긴 나와 가장 아름다운 아프로디테의 만남! 그 자체가 조화롭잖아.

물론 아프로디테가 내 속을 많이 썩이긴 해. 그래도 최고의 미녀와 살려면 이 정도 고통쯤은 감수해야지. 끙!

💬 **제우스** 아프로디테는 아름다운 예술을 상징하고, 헤파이스토스는 이로운 기술을 상징하니, '예술과 기술의 만남'으로 최고의 조합이니라.

💬 **헤라** 옳소! 당신, 오래간만에 마음에 들었어!

💬 **아폴론** 헤파이스토스! 내 활이나 어서 만들어 줘.

💬 **디오니소스** 나도 새 포도주 잔이 필요해!

　↳ **헤파이스토스** 며칠만 기다려. 지금 빨리 집에 가야 하니까. 나는 그럼 이만!

8. 먹방 너튜브 디오니소스

술과 축제의 신,
디오니소스

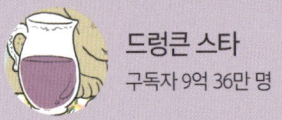

드렁큰 스타
구독자 9억 36만 명

👍 2.8억   👎 21   ♡ 구독

향기로운 포도주를 소개해 드립니다.

가족 관계 아버지 제우스, 어머니 세멜레
최근 소식 새로 만든 포도주를 마시다 잠이 듦.

#포도주 #축제 #미소년 #곤드레만드레

안녕! 먹방 너튜버 디오니소스야.

포도 수확 철을 맞아, 오늘은 최고의 포도와 향기로운 포도주 먹방을 준비했어. 일단 포도주부터 한 잔!

> 💬 **달달요정** 한 잔이라고 하지 않았나요? 너무 많이 마시네.
>
> 💬 **내림포스** 소년처럼 생긴 분이 술을? 혹시 몰래 뱉어 내는 거 아니에요?

무슨 소리야? 어려 보인다고 날 얕잡아 보면 곤란해. 내 능력은 보기보다 어마어마하거든.

나는 술의 신! 누구나 내가 만든 술을 마시면 기분이 좋아지지. 슬픔에 빠졌던 사람도 내 술 한 잔이면 방긋방긋! 그렇다고 방심하면 곤란해. 왕창 취하게 해서 미치광이로 만들어 버리는 것도 내 능력이거든. 그러니까 외모로 얕잡아 보면 큰코다친다고.

내가 어떻게 혼내 주는지 궁금하다고? 예전에 이런 일도 있었어.

> 바닷가 바위에 앉아 있는데 지나가던 해적들이 나를 어린 소년으로 오해했나 봐.

"저 아이를 노예로 팔면 돈을 두둑하게 받겠어."

> 하지만! 해적들이 나를 강제로 배에 태우고는 손을 묶으려 하는데, 밧줄이 그냥 풀리는 거야. 묶으려 해도 안 묶이고 스르르.

"밧줄이 이상한가?"

"아니, 이거 왜 이래?"

잠시 뒤에는 기막힌 일이 벌어졌지. 돛대에는 포도 넝쿨이 감기고, 밧줄에는 포도송이가 주렁주렁 열렸어. 배 안에 포도주가 넘치고, 노에서는 꽃도 피었어. 표범과 호랑이까지 나타나 나를 지켰지.

놀란 해적들은 바다로 풍덩! 풍덩! 결국에는 돌고래가 되고 말았어.

💬 **요정짱** 헐! 표범과 호랑이가 나타나 지켜 주다니. 무서워라!

💬 **달달요정** 그래서 '가장 부드러우면서 가장 무서운 신'이란 소문이 났구나.

💬 **헤스티아** 디오니소스! 그 맛있는 포도주는 내게도 한 잔 줘야 해. 나를 잊은 건 아니겠지?

오호! 헤스티아 님! 내가 어떻게 헤스티아 님을 잊겠어.

나는 포도 재배법과 포도주 만드는 법을 사람들에게 전해 주었는데, 그 공로로 올림포스에 올라갈 수 있었지. 내가 올림포스에 갔을 때 누구보다 나를 따뜻하게 대해 준 신이 화로의 여신인 헤스티아 님이었잖아. 자리까지 양보해 주었고.

💬 **요정짱** 아하, 헤스티아 님이 화로의 여신이어서 디오니소스 님을 따뜻하게 해 주었나 보네.

↳ **헤스티아** 호호, 그런가?

💬 **달달요정** 헤스티아 님, 지금도 화로 불씨를 지키시나요?

↳ **헤스티아** 그럼. 내 화로에 살아 있는 불씨는 생명력을 상징하니 꺼뜨리면 안 되지. 내 불씨가 지금도 올림픽 성화로 사용되기도 하니 얼마나 중요해.

역시 헤스티아 님, 정말 대단해! 그런 의미로 이번 잔은 헤스티아 님을 위해서 짠! 꿀꺽! 꿀꺽!

💬 **요정짱** 잠깐만요! 이거 하나 물어볼게요. 올림포스 12신에 헤스티아 님이 빠지고 디오니소스 님이 들어가기도 하고, 또 어떨 때는 디오니소스 님이 빠지고 헤스티아 님이 들어가기도 하던데요. 누가 진짜 올림포스 12신이에요?

    ↳ **헤스티아** 그게 정답이 있는 걸까? 그리고 12신에 안 들어가면 어때? 중요한 건 우리가 하는 일이 다 중요하다는 거야. 화로의 불씨를 지키는 일도, 포도와 포도주를 만드는 일도 다 중요한 일인데.

💬 **달달요정** 하하, 맞는 말씀이네요.

9. 패션 너튜브 아테나

최고 인기 신은
바로 나, 아테나!

뷰티 코치
구독자 15억 91만 명

👍 4.9억　👎 32　♡ 구독

전쟁과 뷰티, 극과 극의 매력을 느껴 보세요.

특기 최신 유행 메이크업하기
무기 창과 투구, 제우스가 빌려준 아이기스
최근 소식 인기투표에서 1위 함.

#지혜의 신　#전쟁의 신　#올리브 열매　#갑옷과 투구

안녕! 아테나 패션 너튜브에 온 걸 환영해. 이곳은 가장 핫한 패션 정보를 얻을 수 있는 곳! 올해 유행할 여신 패션부터 소개할게.

올 한 해 패션 스타일이 한눈에 보이지? 이게 모두 다 내 작품이라고! 올림포스 여신들의 옷을 만드는 건 바로 나거든. 길쌈과 방적 기술을 발명한 신, 바로 나 아테나잖아. 헤라 님이 결혼할 때 입었던 드레스도 내 작품이야.

나는 기술과 관련된 건 뭐든 자신 있어. 농사와 항해 기술, 무기와 전술 개발은 물론이고, 재판 제도까지 만들었잖아. 이런 기술들을 만들어서 인간들이 보다 편리하게 살도록 도와주지. 그러니 인간들이 나를 무척 좋아할 수밖에.

아테네 수호신 결정전

나는 아테네의 수호신으로도 알려져 있어. 사실 아테네의 수호신 자리를 정할 때는 포세이돈이라는 강력한 경쟁자가 있었지. 바다의 신 포세이돈도 그 자리를 엄청 차지하고 싶어 했거든. 그러자 제우스 님이 평화로운 방법을 제안했지.

"대결을 통해 수호신을 결정하는 게 어떨까? 대결 조건은 아테네 주민들에게 누가 더 좋은 선물을 주느냐이고, 결정은 아테네 주민들이 하고 말이야."

그렇게 시작된 '아테네 수호신 결정전'!

"이 땅에 꼭 필요한 걸 주겠다. 잘들 보아라!"

먼저 포세이돈이 삼지창으로 땅을 콱 찔렀어. 그러자 물이 펑펑! 샘물을 선물한 거야. 튼튼한 말 선물은 덤.

포세이돈이 치사하게 선물을 두 가지나 했어. 그렇다고 기죽을 내가 아니지. 나는 보

란 듯이 포세이돈의 샘 옆에 올리브나무 하나를 자라나게 했어.

올리브나무가 무슨 쓸모가 있냐고? 언뜻 보면 샘물이 훨씬 값진 선물로 보일 거야. 인간에게 꼭 필요한 것이 물이잖아. 하지만 쓸모 있기로는 올리브나무도 뒤지지 않아. 열매로 요리도 하고, 올리브기름도 만들고 말이야.

샘물과 말 대 올리브나무!
아테네 주민의 선택은?

바로 나, 아테나였단다. 이젠 알겠지? 나만큼 지혜롭게 생각하며 인간에게 필요한 걸 척척 알아서 내주는 신은 없다는 걸 말이야.

하지만 명심해! 인간을 늘 도와주어도 나를 무시하는 인간은 절대로 용서하지 않는다는 사실.

예전에 아라크네라는 처녀가 있었는데, 길쌈과 자수 실력이 아주 뛰어났어. 그러자 우쭐해서는 나와 솜씨를 겨루고 싶다고 하지 뭐야. 감히 신에게 도전을 하다니! 나는 노파로 변신해서 아라크네를 찾아가 충고했지.

"아가씨, 인간들끼리 솜씨를 겨루는 건 좋지만, 신에게는 덤비지 말아요."

하지만 아라크네는 기세등등했지.

"신이라도 겁 안 나요. 신과 겨루어도 이길 자신이 있다고요."

헐! 따끔한 맛을 보여 줘야겠더라고.

"내가 바로 여신 아테나니라!"

나는 그 자리에서 아라크네와 옷감 짜기 시합을 벌였어. 작은 재주만 믿고 기고만장해진 그 오만함을 벌주고 싶었거든.

시합의 결과는 뻔하지. 내 실력과 어찌 견줄 수가 있겠어. 게다가 아라크네는 옷감의 무늬로 신들을 모욕하는 그림까지 넣었더군. 나는 아라크네의 옷감을 갈기갈기 찢어 버렸어. 그러자 죄책감과 수치심을 느낀 아라크네는 스스로 목을 매 죽으려고 하지 뭐야. 막상 그 모습을 보니 아라크네가 가엾더라고. 그래서 나는 아라크네를 죽지 못하게 곤충으로 만들었어. 그 곤충이 뭔지는 영상으로 보여 줄게.

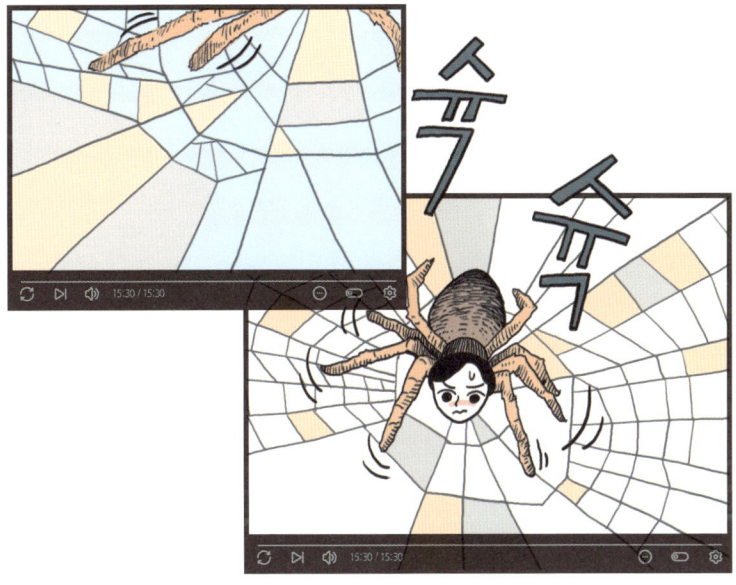

💬 **여신A** 아하! 거미네요. 옷감 짜듯 거미줄을 치는 거미요.

💬 **요정짱** 그런데 그 많은 걸 발명하시다니! 아테나 님은 아이큐가 정말 좋은가 봐요.

아이큐 하면 또 나지. 올림포스에서 가장 지혜로운 신이 누구야? 바로 나잖아. 얼마나 지혜롭고 총명하면 지혜의 신이겠어.

하지만 이렇게 발명품과 기술을 만드는 건 전쟁이 없는 평화 시기에만 할 수 있는 일이야. 나는 전쟁의 신이기도 하니까.

올림포스 신들이 티폰과 전쟁할 때 제우스 님 곁에 끝까지 남아 싸운 게 나란 건 알고 있지? 어디 그뿐이야? 트로이 전쟁처럼 역사적인 전쟁엔 꼭 내가 있었다고.

💬 **요정짱** 전쟁의 신! 좀 무서워요.

💬 **궁금달** 인간을 돕는 지혜의 신이면서 전쟁의 신이라고요? 완전 딴 인격 이야기 같아. 혹시 이중인격?

아냐! 아냐! 나는 평화를 수호하는 전쟁의 신이야. 힘만 믿고 맹목적으로 폭력을 휘두르는 아레스와는 달라. 아! 아레스는 또 다른 전쟁의 신인데, 나하고는 완전 반대야. 아레스는 천방지축 공격형이라면, 나는 평화주의 방어형! 그래서 나는 '정의로운 전쟁의 신'으로 불리지. 그리고 전쟁이 없는 시기에는 가정의 안녕을 지키는 평화의 수호신으로 활동한다는 사실! 꼭 기억해 줘!

💬 **아레스** 그 입 다물라! 뭐? 날 보고 천방지축 공격형이라고?

↳ **아테나** 자, 자! 진정해. 폭력적인 건 사실이잖아? 이유 없이 나를 싫어하는 것도 사실이고.

↳ **아레스** 너를 싫어하는 데는 그만한 이유가 있거든! 여기 있던 사람들 다 내 너튜브로 와. 당장! 내 얘기도 들어야 할 것 아냐!

10. 사랑과 전쟁 너튜브 아레스

전쟁의 신, 아레스 나가신다!

▶ 1.9억   👎 457   ♡ 구독

싸움의 고수
구독자 8억 5917만 명

싸움의 기술을 가르쳐 드립니다.

싸움 스타일   막싸움. 투구를 쓰고 갑옷을 입은 채 전차를 몰고 다님.
최근 소식   술 취한 인간들의 싸움을 유발함.

#전쟁   #폭력   #욱하는 성격   #질투   #딸 바보

다 왔어? 어서 달려와. 출석 부를 거야.

💬**여신A, 요정짱** 왔어요!
💬**아테나** 모두들 겁먹지 마! 내가 있잖아. 아레스! 대체 할 얘기란 게 뭐야?

뭐? 내가 무턱대고 싸움만 좋아하는 전쟁의 신이라고? 그럼 내가 왜 그렇게 됐을까, 생각은 해 봤어? 아테나와 나는 똑같은 제우스 님의 자식이야.

그런데 아버지인 제우스 님은 아테나만 좋아하시더라고. 아테나는 자신의 머리에서 태어나서 그런지 늘 곁에 두고 애지중지! 하지만 나는 보기만 해도 고함을 질렀지.

게다가 아테나는 약아서 나와 싸움만 벌였다 하면 이겼어.

💬 **아테나** 약은 게 아니라 실력이 너보다 월등하게 좋은 거야. 지난 트로이 전쟁 때 우리 둘이 맞섰을 때를 생각해 봐.

💬 **아테나** 기억나지? 내 순발력으로 너를 이겼던 거야. 이제 그만 실력 차이를 인정하시지?

실력 차이라고? 웃기는 소리! 자, 다들 내 이야기를 들어 봐. 아테나는 여러 번 속임수를 써서 나를 곤경에 빠트렸어. 심지어 자기와의 전투도 아닌데 끼어들기까지 했지.

예전에 내가 헤라클레스와 싸울 때였어. 헤라클레스가 얼마나 힘이 센 녀석인지 알고 있지? 거인족인 기간테스도 한 번에 해치우던 놈이잖아. 나는 그런 헤라클레스에게 조금도 물러섬 없이 팽팽하게 맞섰어. 심지어 헤라클레스를 물리칠 기회까지 얻었지. 헤라클레스가 잠깐 집중력이 흐트러진 찰나, 헤라클레스를 향해 창을 던진 거야! 피유웅! 내 창은 조금도 빗나가지 않고 무서운 속도로 목표물을 향해 날아갔어!

그 순간 방해꾼인 아테나가 나타난 거야. 아테나는 내가 던진 창을 빗나가게 해 버렸지. 내가 당황한 사이에 헤라클레스는 나에게 창을 던졌고, 그 창은 내 넓적다리를 관통하고 말았어. 부상을 입은 몸으로 헤라클레스와 싸울 수는 없으니 재빨리 전차를 타고 몸을 피할 수밖에 없었다고!

지금 생각해도 온몸이 부들부들 떨리는군.

그날 내가 얼마나 원통했으면 엉엉 울었겠어. 지금도 그날을 생각하면 눈물이 나. 엉! 엉! 아버지는 나만 미워하고, 아테나는 약만 올리고……. 그러니 내가 싸움질을 해? 안 해?

> 💬 **요정짱** 부모한테 인정 못 받으면 정말 속상하죠. 울지 마세요, 아레스 님.
> 💬 **여신A** 토닥토닥!
> 💬 **아테나** 그러고 보니 네 맘도 이해는 가네. 하지만 아버지와 내가 무턱대고 널 무시하진 않아. 알키페 사건을 생각해 봐.
> 💬 **궁금달** 그건 또 무슨 사건이에요?

다시는 떠올리기도 싫은, 마음 아픈 사건이지. 알키페는 내 딸이야. 정말 사랑스러운 딸이지. 그런데 할리로티오스라는 놈이 숲에서 우리 알키페에게 몹쓸 짓을 하지 뭐야. 그걸 본 내 맘이 어땠겠어. 놈을 한방에 때려죽였지.

그런데 알고 보니 할리로티오스가 포세이돈의 아들이더라고. 포세이돈은 나를 올림포스 법정에 고소를 했어. 세상에! 아들이 그런 짓을 했는데 사과는 못할망정 고소를 하다니!

그 때문에 올림포스 12신의 법정이 열렸어.

💬 **아테나** 아레스, 그때를 생각하면 나도 마음이 아파. 그래서 우리 모두 공정하게 재판하려고 무척 노력했지. 아버지 제우스 님도 공정하려고 애쓰셨어.

💬 **궁금달** 그래서요? 재판은 어떻게 됐어요?

💬 **아테나** 당시 신들은 아레스의 마음을 이해하려고 노력했어. 사건 상황을 잘 파악하려고 애썼고, 정의로운 판결을 위해서 최선을 다했지. 그렇게 오랜 토론 끝에 내려진 판결은!

흑! 그날을 생각하면 지금도 울컥하네. 무죄 판결이 내려지는 순간 얼마나 감동했던지…….

사실 나는 아버지가 절대 내 편을 안 들어 줄 거라고 생각했거든. 그래서 얼마나 불안했는지 몰라. 하지만 모두들 공정하게 재판을 해 주었지. 아마 올림포스 역사상 그보다 더 공정한 재판은 없었을 거야.

> 💬 **아테나** 맞아. 그게 바로 우리 올림포스 신들의 힘이지. 워낙 능력들이 출중하다 보니 저마다 잘난 척이고 툭하면 갈등과 싸움이야! 하지만 정말 중요한 일이 생기면 서로 똘똘 뭉쳐 문제를 해결하잖아.
>
> 💬 **제우스** 그럼! 그럼! 조화와 협력! 그게 바로 내가 지키려는 세상의 질서이니라. 조화와 협력이 바로 우리 올림포스 신들이 함께 살아갈 수 있는 최고의 비결이란 말씀!

아버지, 아무리 그러셔도 아테나만 예뻐하는 건 서운하거든요. 저도 좀 예쁘게 봐 달라고요! 저도 아버지에게 사랑받고 싶다고요! 그런 의미로 사진 한 장 올립니다. 그날 재판정 모습을 담은 사진이에요. 내 마음은 이걸로 대신하는 걸로!

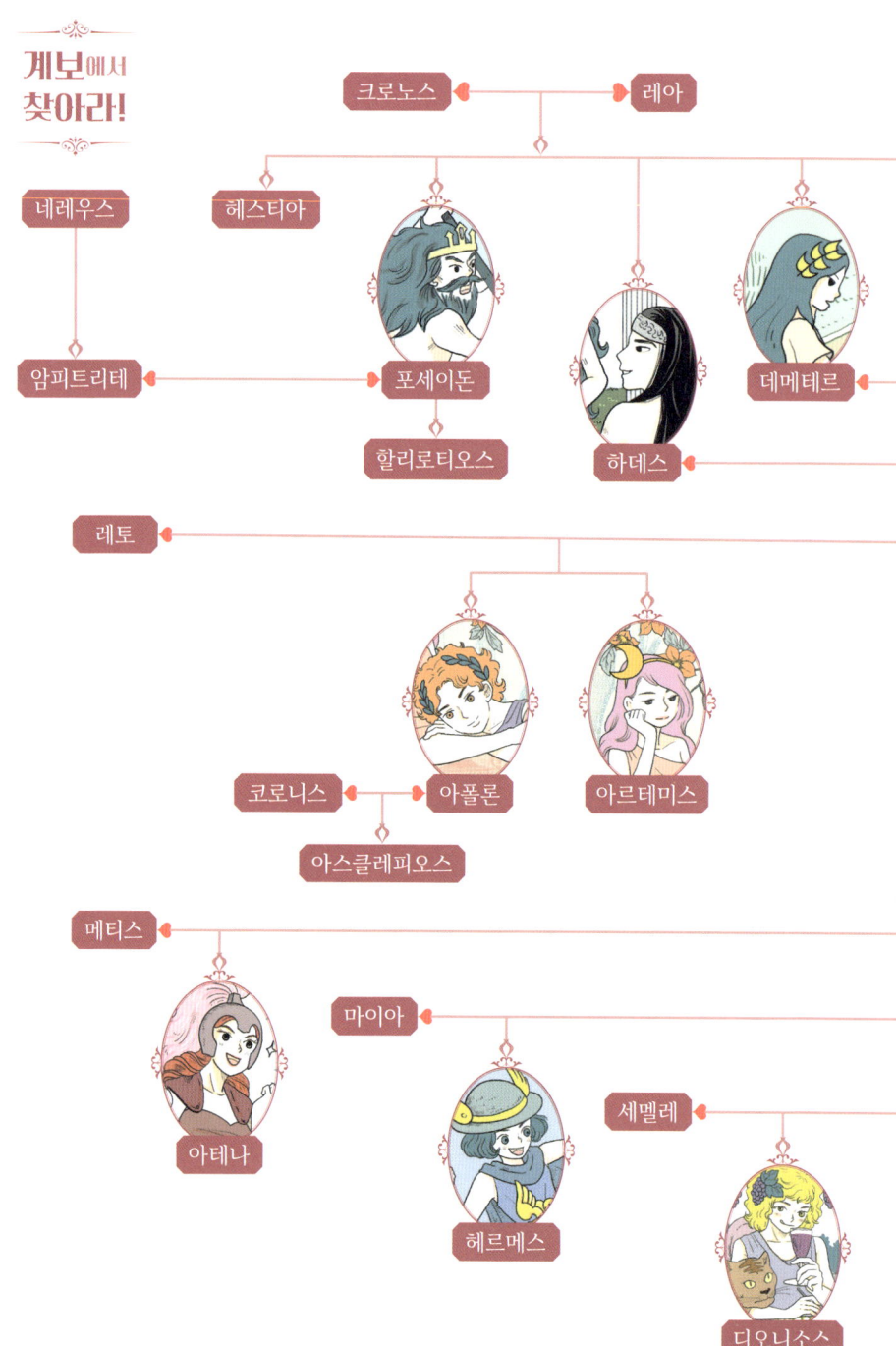

글 **이향안**

나만의 빛깔을 품은 매력적인 동화 한 편을 꿈꾸는 작가입니다.
『별난반점 헬멧똥과 X사건』으로 웅진주니어 문학상 대상을 받았습니다.
쓴 책으로는 『별난반점 헬멧똥과 X사건』, 『그 여름의 덤더디』,
『실록을 지키는 아이』, 『팥쥐 일기』, 『광모 짝 되기』, 『수리수리 셈도사 수리』,
『나도 서서 눌 테야!』, 『마법에 걸린 학교』 등이 있습니다.

그림 **김소희**

만화와 일러스트를 그리고 있습니다. 쓰고 그린 만화책으로는 『반달』, 『자리』
등이 있고, 그린 책으로는 『전설의 고수』, 『몬스터과학 6. 충전 100% 에너지
세계로 출동!』 등이 있습니다.

감수 **김길수**

건국대학교 철학과를 졸업하고, 같은 학교 대학원에서 박사 학위를
받았습니다. 현재 건국대학교 문과대학 교수로 학생들을 가르치고 있습니다.
'EBS 지식의 기쁨' 프로그램의 '상징으로 보는 그리스 로마 신화' 강의를 했고,
쓴 책으로는 『다시 쓰는 그리스 신화』 등이 있습니다.